CHAPELLE ET CONFRÉRIE

DE

SAINT-SÉBASTIEN

A AMIENS

PAR Edmond SOYEZ

de la Société des Antiquaires de Picardie

AMIENS

IMPRIMERIE YVERT & TELLIER

37, Rue des Jacobins, et 52, Rue des Trois-Cailloux

—

M DCCCC VII

CHAPELLE ET CONFRÉRIE

DE

SAINT-SÉBASTIEN

CHAPELLE ET CONFRÉRIE

DE

SAINT-SÉBASTIEN

A AMIENS

IMPRIMÉS PAR EDMOND SOYEZ

de la Société des Antiquaires de Picardie

AMIENS

IMPRIMERIE YVERT & TELLIER

37, Rue des Jacobins, et 52, Rue des Trois-Cailloux

—

M DCCCC VII

En publiant, il y a quelques mois, un opuscule sur le Puy Notre-Dame, nous annoncions la prochaine apparition d'une notice sur l'autel et la confrérie de Saint-Sébastien à Amiens. Nous présentons aujourd'hui ce petit travail au public. Il n'est que le développement de pages insérées jadis dans la *Revue de l'Art Chrétien* (1), et qui comprenaient l'historique et la description des deux autels du XVIIe siècle, élevés dans le transept de la Cathédrale, d'après les dessins de Nicolas Blasset, architecte et sculpteur, dont la renommée, si elle n'a guère franchi les limites de la Picardie, est restée grande dans la province fière de compter cet artiste au nombre de ses enfants.

A notre esquisse primitive nous ajoutons certains détails plus précis : nous nous sommes

(1) *Revue de l'Art chrétien*, IIe série, tome VI.

surtout servi de la *Description de Notre-Dame d'Amiens,* de M. Georges Durand, mine précieuse dans laquelle devront désormais puiser tous ceux qui écriront sur cette basilique. Nous avons aussi mis à contribution nos historiens locaux, tellement que cette brochure n'est, à vrai dire, qu'une compilation. A défaut d'autre mérite, elle aura du moins celui de la recherche de l'exactitude.

Notre but a été aussi de rappeler la dévotion de nos ancêtres envers le saint protecteur invoqué surtout contre les maladies contagieuses, et de ranimer, s'il en était besoin, la confiance de nos contemporains dans les mérites et l'intercession de saint Sébastien.

CHAPELLE ET CONFRÉRIE

DE

SAINT-SÉBASTIEN

I

SAINT SÉBASTIEN naquit à Narbonne vers l'an
250. Son enfance et son adolescence s'écou-
lèrent à Milan, ville d'où sa mère était
originaire (1). En 283 il vint à Rome : il servait

(1) M. le Chanoine Roze dans sa traduction de la *Légende
dorée* (3 vol. in-8º, Paris, Rouveyre MD CCCCII), fait précéder
la notice consacrée à saint Sébastien du préambule suivant que
nous croyons curieux de reproduire ici :

Sébastien, *Sebastianus*, vient de *sequens*, suivant, *beatitudo*,
béatitude ; *astin* ville et *ana* au-dessus ; ce qui veut dire qu'il
a suivi la béatitude de la cité suprême et de la gloire d'en haut.

alors dans les rangs des troupes de Carin, qui briguait l'empire. Après le meurtre de ce prince (285), Sébastien fut au nombre des soldats de Dioclétien, devenu empereur ; la confiance du prince lui valut le commandement de la première cohorte prétorienne. Le jeune officier professait en secret la religion chrétienne, et le poste qu'il occupait lui permit de rendre à ses frères dans la foi de nombreux et signalés services ; le saint pape Caïus l'appelait *le Défenseur de l'Eglise* (1).

Instruit de ces faits, Dioclétien donna à Sébas-

Il la posséda et l'acquit au prix de cinq deniers, selon saint Augustin : avec la pauvreté, le royaume ; avec la douleur, la joie ; avec le travail, le repos ; avec l'ignominie, la gloire et avec la mort, la vie. Sébastien viendrait encore de *basto*, selle. Le soldat, c'est le Christ ; le cheval, l'Eglise, et la selle, Sébastien ; au moyen de laquelle Sébastien combattit dans l'Eglise et obtint de surpasser beaucoup de martyrs. Ou bien Sébastien signifie entouré, ou allant autour : entouré, il le fut de flèches, comme un hérisson ; allant autour, parce qu'il allait trouver tous les martyrs et les réconfortait. — *Actes du saint*, dans les Œuvres de saint Ambroise. — Il va sans dire que nous ne citons ce passage sur l'étymologie du nom de Sébastien qu'à cause de sa singularité.

(1) Le cardinal Wiseman, dans le livre si intéressant intitulé *Fabiola ou l'Eglise des Catacombes*, a placé Sébastien au premier rang des personnages qui, sous une forme dramatique, retracent les combats des martyrs dont le sang allait consacrer le triomphe du Christianisme sur les faux dieux. En racontant la vie et la mort du vaillant soldat, l'éminent écrivain a su allier au charme de son récit un respect scrupuleux de la vérité historique.

tien le choix entre la mort et l'apostasie : le chrétien accepta avec joie de verser son sang pour le Christ. Attaché à un arbre, il fut percé de flèches par les archers mauritaniens de la garde de l'empereur. Quand on le crut mort, une pieuse femme nommée Irène fit enlever le corps pour lui donner la sépulture. Mais Sébastien respirait encore, et des soins intelligents le rendirent en peu de temps à la santé. Dès qu'il eut recouvré ses forces, il se présenta sur le passage de Dioclétien et lui reprocha énergiquement son impiété. L'empereur, stupéfait de le revoir, le fit battre de verges par ses satellites, jusqu'à ce que le courageux chrétien eût rendu le dernier soupir (288).

Le cadavre fut jeté dans un égout. Avertie par une vision au cours de laquelle Sébastien lui-même apparut et indiqua l'endroit où se trouvait sa dépouille mortelle, Lucine, matrone romaine, fit enlever les restes du martyr et on les déposa dans une catacombe située hors des murs de Rome, sur la Voie Appienne (1).

(1) Ce cimetière est désigné sous le nom de Saint-Calixte, parce que ce pape, qui occupa la Chaire de Saint Pierre de l'an 217 à l'an 222, et versa son sang pour la foi sous Héliogabale, donna l'ordre d'y transporter les restes d'un très grand nombre de martyrs. Si saint Calixte ne fonda pas le cimetière,

En l'an 825, Hilduin, abbé de Saint-Médard de Soissons, pendant un voyage qu'il fit à Rome, obtint du pape Eugène II une partie notable du corps de saint Sébastien. Ces reliques furent reçues à Soissons par l'évêque Rothade Ier, le 9 décembre 826.

Quelques années plus tard, la Picardie fut affligée d'une peste terrible : Amiens, Montreuil, Boulogne, d'autres villes encore, envoyèrent de nombreux pélerins déposer de riches offrandes sur la châsse du Martyr, qui était regardé comme un protecteur spécial contre la peste depuis que Rome éprouva les effets de l'intercession de saint Sébastien lors d'une contagion qui désola cette

il le fit au moins restaurer et agrandir. Les reliques des saints apôtres Pierre et Paul furent cachées dans la catacombe de Saint-Calixte quand il fallut soustraire ces restes précieux aux recherches des païens durant la persécution de Valérien (258). Elles y restèrent durant une année environ ; quelques historiens disent pendant un temps plus long. Une basilique, l'une des principales de la ville de Rome, a été élevée précisément au-dessus de l'entrée de la catacombe : elle est sous le vocable de Saint-Sébastien ; sa fondation date, dit-on, de l'époque de saint Sylvestre (IVe siècle). Elle avait été d'abord dédiée aux saints Pierre et Paul. Le cardinal Borghèse la fit restaurer avec magnificence au XVIIe siècle. La chapelle particulièrement consacrée à saint Sébastien est ornée d'une statue en marbre du soldat martyr, œuvre remarquable de l'école du Bernin (Bernini dessina la statue : elle fut sculptée par Antonio Giorgetti. — ROBELLO, *Rome et ses environs*, p. 374).

ville en 680, sous le pontificat de saint Agathon. C'est ainsi que le culte de saint Sébastien s'établit et se propagea dans nos contrées (1).

Beaucoup de corporations se placèrent sous le patronage de saint Sébastien : les Archers et Arquebusiers le prirent pour protecteur en mémoire du premier supplice qu'avait enduré le généreux confesseur du Christ, et cela s'explique facilement. On comprend moins pourquoi les fabricants *d'aiguillettes* l'avaient également choisi pour patron : cela demande explication. On appelait *aiguillette* tout lien qui servait à rattacher l'une à l'autre diverses pièces du costume ; or, les *aiguillettiers* s'étant mis à faire et à vendre des jarretières le nom de saint Sébastien *(ses bas tiennent)* leur parut pouvoir s'appliquer, par un de ces jeux de mots qu'affectionnaient nos pères, au protectorat de leur industrie (2).

Les ferrailleurs marchaient sous la bannière du

(1) Plusieurs églises de campagne du diocèse d'Amiens ont saint Sébastien pour patron titulaire ou secondaire : l'abbé CORBLET (*Hagiographie*, t. IV, p. 605) cite Bourdon et Wailly comme endroits où saint Sébastien est honoré d'une façon toute spéciale. Un autel de l'église de Lœuilly lui est dédié.

(2) *Dictionnaire historique des Arts, Métiers et professions...* par A. FRANKLIN, Welter édit., 1906, pp. 11 et 12. — A Paris, les Aiguillettiers célébraient leur fête patronale le 20 janvier à Saint-Eustache. *(Ibid)*.

soldat martyr, sans doute par allusion aux dards dont son corps fut percé. A Abbeville, il était le patron des tanneurs (?), et aussi du clergé de la paroisse du Saint-Sépulcre et de la Confrérie de la Charité (probablement à cause de la préservation de la peste).

L'Eglise célèbre. le 20 janvier la fête de saint Sébastien. Elle honore le même jour le pape saint Fabien qui reçut la couronne du martyre l'an 250, pendant la persécution de Dèce, et fut aussi inhumé dans le cimetière de Saint-Calixte(1).

II

Le samedi 3 avril 1339, veille de *Quasi modo*, Jean de Cherchemont, qui depuis 1325 occupait le siège épiscopal d'Amiens, fonda dans la chapelle de son manoir de Pernois (2) une chapellenie

---

(1) Le pape saint Fabien érigea en règle l'usage de bénir le Saint-Chrème le Jeudi-Saint à la messe solennelle et de brûler ce qui reste du Chrème de l'année précédente.

(2) Pernois, aujourd'hui paroisse du doyenné de Domart-en-Ponthieu, archiprêtré de Doullens. — D'après M. GARNIER *(Dénombrement du Temporel de l'Evêché d'Amiens en 1301* — Mémoires de la Société des Antiquaires de Picardie, t. XVII, pp. 107 et suivantes), la terre et seigneurie de Pernois, consistant en château, bois, terres labourables et prairies, aurait été donnée à l'évêque d'Amiens en 1282 par l'abbaye de Saint-

richement dotée. Cette fondation était faite en faveur de l'un des familiers du prélat, Jean de Pomerio, clerc, originaire, comme l'évêque, du diocèse de Poitiers.

Aux termes de l'acte de fondation, qui existe encore (1), cette chapellenie devait être dédoublée à la mort du premier titulaire : une partie resterait à Pernois, l'autre serait transférée en un lieu à déterminer. Mais, sans attendre la mort de Pomerio, le 23 septembre 1346, Jean de Cherchemont opéra le dédoublement et affecta la moitié de la fondation à l'établissement d'une chapelle dans sa Cathédrale, à l'autel qu'il venait de faire construire en l'honneur de Dieu, des saints Firmin et Sébastien, martyrs, et Yves, confesseur (2). Cet

Lucien de Beauvais en échange de la terre et seigneurie de Pissy. M. DARSY *(Bénéfices de l'Eglise d'Amiens*, t. I*er*, p. 4) pense que la possession de Pernois par l'évêque d'Amiens remonte à une date bien antérieure : il cite, en effet, plusieurs actes qui viennent à l'appui de son opinion.

(1) Archives de la Somme *(Evêché d'Amiens)* G 71. — Cité par M. G. DURAND, *Description de la Cathédrale d'Amiens,* t. II, p. 417.

(2) « *Ad altare quod ibidem in honorem Dei et beatorum Firmini et Sebastiani, martyrum, ac Yvonis confessoris, construi fecimus et fabricari* ». — Durand, loc. cit. — Saint Yves, official en Bretagne, patron des avocats, des notaires et des gens de loi, mort en 1303, venait d'être canonisé depuis peu d'années par le pape Clément VI. Il est probable que cette circonstance le fit choisir par Jean de Cherchemont pour l'un

autel était adossé à l'un des piliers du transept, à gauche de l'entrée du chœur. La couleur verte qui recouvrait le pilier, et dont il reste encore quelque vestige, fit que l'on désignait vulgairement l'autel sous le nom du *pilier vert,* comme on appelait *pilier rouge* l'autel correspondant dans le bras opposé du transept, autel du Puy Notre-Dame (1).

Le 26 janvier 1372, l'Université des Chapelains de la Cathédrale accepta dix livres de rente sur la maison du Praillon pour la dite chapelle ainsi transférée de Pernois à la Cathédrale en la chapelle du *Pillier verd* (2).

Le vocable de Saint-Sébastien demeura bientôt le seul sous lequel fut désignée la chapelle fondée par Jean de Cherchemont (3).

---

des titulaires de sa chapelle. Toutefois, un autre bienheureux de même nom, Yves, évêque de Chartres, avait eu avec le diocèse d'Amiens des relations qui auraient pu également le désigner pour un culte spécial dans notre cathédrale.

(1) L'autel du pilier rouge avait été fondé en 1334 par Firmin de Coquerel. — V. notre étude sur le Puy Notre-Dame, p. 33.

(2) La maison du *Praillon* ou *Praalon* était située sur le cours de la Somme, vis à vis la tour de la Barette, en la juridiction de l'Évêché. Cet endroit, qui fait partie des *hortillonages,* confine l'*Ile aux fagots* : il est aujourd'hui désigné sous le nom de *Prillon.* — *Plan de la Ville d'Amiens* dressé par PINSARD architecte, 1858, 3me édition.

(3) Le manuscrit 517 de la Bibliothèque d'Amiens (Extrait des

Une confrérie placée sous le patronage du saint martyr de Rome existait depuis longtemps à Amiens : l'époque de sa fondation est demeurée jusqu'à présent inconnue. Elle avait son siège à la Chapelle Saint-Jacques, au cimetière Saint-Denis (1). Elle était régie par trois *maîtres* ou administrateurs : un chanoine, un officier de robe

délibérations du Chapitre d'Amiens, xvᵉ-xviiᵉ siècles), donne à cette chapelle le nom de *Sainte-Julienne*, on ne sait pour quelle raison. — DURAND, *Descrip. de la Cathédrale*, t. II, p. 418.

(1) Le cimetière Saint-Denis avait été établi hors des murailles de la ville par le mayeur et les échevins en 1287 ; on l'agrandit à diverses reprises notamment en 1316 et 1349 ; lors de sa suppression il occupait le vaste emplacement qui, jusqu'à ces dernières années, était désigné sous le nom de Place Saint-Denis ; au mépris des souvenirs historiques les plus respectables qui s'attachaient à cet endroit, la municipalité l'a depuis quelque temps dénommé *place René Goblet*. Ce cimetière était entouré de cloîtres, commencés au xvᵉ siècle et construits à différentes reprises. Plusieurs chapelles avaient été établies sur le parcours de ces cloitres ; la principale était celle de saint Jacques le majeur, longeant la rue de Noyon. Elle fut fondée au commencement du xvᵉ siècle, d'après Pagès, et considérablement agrandie en 1506, si bien que la chapelle primitive devint la nef d'une véritable église dont le chœur, d'une belle architecture de style flamboyant, avait été élevé aux frais de la Ville. Un dessin des frères Duthoit représentant l'extérieur de cette chapelle dans le sens de sa longueur a été publié dans le recueil lithographique édité par le journal *le Glaneur* et reproduit dans l'album intitulé *le vieil Amiens*. Le service religieux était accompli dans la chapelle Saint-Jacques par six chapelains à la collation du Chapitre de la Cathédrale.

2

longue (1), et un bourgeois. Ils étaient élus chaque année par leurs confrères le 19 janvier, veille de la fête de Saint-Sébastien. Nul n'avait le droit de refuser la maîtrise quand elle était offerte.

Cette confrérie était quelque peu tombée en décadence, quand en 1462, à l'occasion d'une peste terrible qui ravageait Amiens, l'évêque Ferry de Beauvoir (2), la releva et lui donna de nouveaux statuts. Ce fut probablement alors que l'autel du *pilier vert,* à la Cathédrale, devint celui où se firent tous les exercices religieux des confrères.

La plupart des anciens historiens d'Amiens disent qu'en cette année 1462 les trois états de la ville auraient fait un vœu établissant une confrérie et deux processions annuelles en l'honneur de saint Sébastien. Nulle trace de ce vœu n'existe dans les archives. La confrérie, nous

(1) On appelait gens de *robe longue* les gens du parlement, les magistrats gradués par opposition aux gens de *robe courte*, terme que l'on employait en parlant des prévots, des maréchaux, de leurs lieutenants et de quelques autres officiers non gradués, qui jugeaient l'épée au côté.

(2) Ferry de Beauvoir occupa le siège épiscopal d'Amiens de 1457 à 1473 ; il avait été nommé évêque par le crédit du duc de Bourgogne, Philippe-le-bon, qui détenait alors la ville en vertu du traité d'Arras. Le tombeau de Ferry de Beauvoir fait partie de la clôture du chœur longeant le bas-côté méridional de la Cathédrale.

venons de le dire, était de création bien antérieure. Quant aux processions, elles paraissent avoir été instituées par Ferry de Beauvoir : l'une avait lieu le dimanche précédent le 20 janvier (fête de saint Sébastien), l'autre le premier mardi d'août, qui serait, dit-on, le jour anniversaire du vœu. Ces processions se faisaient à travers les rues de la ville, en suivant l'itinéraire d'usage, avec station à la pierre Saint-Firmin. Le chapitre de Notre-Dame, ceux des collégiales, le clergé des paroisses, les religieux mendiants, le Présidial, le Corps de Ville, et, plus tard, l'état-major de la citadelle, formaient la marche. Les compagnies privilégiées prenaient les armes pour maintenir le bon ordre sur le passage du cortège (1).

(1) Les compagnies privilégiées, sorte de milice bourgeoise, étaient primitivement sous la dépendance du mayeur ; corporations demi-civiles, demi-militaires, elles se recrutaient, sous l'autorité de l'échevinage, dans les rangs de la haute bourgeoisie, qui regardait comme un honneur d'y prendre place. C'étaient, par ordre d'ancienneté, les Archers du Grand Serment, les Arbalétriers et les Couleuvriniers ; on appelait ces trois compagnies *Privilégiées du roy;* leur privilège était un droit positif, fondé sur des chartes de dates et d'origines diverses, émanant à la fois du roi et de la ville. Trois autres bandes avaient été instituées seulement au xvie siècle, et sans charte royale : les Archers de Sainte Christine, les Arquebusiers, les Joueurs d'épée; on les appelait souvent, par opposition *Privilégiées de la ville*. Le nom de *serment* par lequel on désignait communément les compagnies d'archers et d'arbalétriers venait

On portait une relique de saint Sébastien qui demeurait exposée toute la journée devant l'autel de la confrérie, à la Cathédrale, où une grand'-messe était chantée au retour de la procession. Il y avait aussi prédication. Tous ceux qui assistaient à la procession tenaient en main un cierge : ce qui restait des flambeaux après la cérémonie était transformé en une longue bougie filée, laquelle devait brûler devant le crucifix du jubé. Cette bougie, enroulée sur une sorte de dévidoir, était placée dans une lanterne en forme de tourelle, accostant une porte de ville surmontée d'un petit bas-relief représentant le martyre de saint Sébastien. Tout cela était en airain, et reposait sur une colonnette de cuivre, haute de cinq à six pieds, qui s'élevait auprès d'un des gros piliers du transept, à droite en remontant la nef. Le

du serment que les membres de l'association faisaient en y entrant d'observer religieusement les statuts de la corporation. — Ms. de Pagès, édit. L. Douchet, t. III, pp. 315 et suiv. ; Daire, *Histoire d'Amiens,* t. Ier, p. 182 et suiv. ; Janvier, *Notice sur les anciennes corporations d'archers, d'arbalétriers, de couleuvriniers et d'arquebusiers des villes de Picardie,* Mém. de la Soc. des Antiquaires de Picardie, t. XIV ; Dusevel, *Histoire d'Amiens,* 2e édition, p. 241 ; A. de Calonne, *Vie municipale au XVe siècle,* pp. 153 et suiv.; *Idem, Histoire d'Amiens,* t. Ier, pp. 318 et suiv. ; Ed. Maugis, *Recherches sur les transformations du Régime politique et social de la Ville d'Amiens,* pp. 242 et suiv.

chapiteau de la colonnette portait les écussons émaillés du roi de France, de la ville d'Amiens, et du duc de Bourgogne, sous le gouvernement de qui Amiens était encore à cette époque (1).

Cet usage de présenter des bougies filées aux églises en temps de contagion était assez ordinaire au moyen âge. « En 1418, dit M. Durand (2), durant une peste qui ravageait la ville, l'échevinage d'Amiens décida que *seroit faite, pour révérence de Dieu, la chainture de la ville de chire et mise en l'église Nostre-Dame, et que l'argent que pour ce il convenra sera cœuilli par les manegliers* (marguilliers) *des paroisses sur chacun particulier selon sa dévotion* (3). Cette chainture de cire n'était autre qu'une bougie enroulée, de la longueur de l'enceinte de la ville.... Les fonds furent recueillis et la bougie exécutée par les soins de Simon Renel, procureur

(1) Archives de la Somme, Chapitre d'Amiens, Ms. intitulé *Annales capitulaires et autres.* — Cf. La Morlière, *Antiquitez*, p. 229; Mss. de Pagès, édit. Douchet, t. V, p. 217; Bibl. d'Amiens, Ms. 510, f° 7 v° et 836 (Machart, t. VIII), pp. 285 et 879.

(2) *Description de la Cathédrale d'Amiens*, par G. Durand, t. II, pp. 467 et suiv. — Sur les cierges ou bougies filées, vulgairement désignés sous le nom de *rats de caves*, V. *Mélanges d'Archéologie*, par le P. Cahier, t. III, p. 9, note 4.

(3) Assemblée municipale du 29 juillet 1418, Archives de la Ville d'Amiens, BB 2, f° 130 v°.

au Bailliage d'Amiens. Elle dura du mois d'août 1418 au jour de Pâques 1420 (*Elle n'était allumée que durant les offices*) Lorsqu'elle fut consumée, l'assemblée des habitants réunie dans la halle décida qu'elle s'entretiendrait et serait refaite aux dépens de la ville. Elle le fut, en effet, à la diligence du mayeur, Jacques du Quorrel. Son poids était de 41 livres de cire, et elle dura jusqu'au mois de septembre suivant. Elle fut par la suite renouvelée (1). — En 1457 v. s. les confrères de saint Sébastien firent exécuter un candélabre de cuivre « *bel et notable* », pour y mettre la bougie. Quatorze livres leur furent données à cet effet par le Chapitre, dix par la ville, d'autres sommes par des particuliers ; le surplus de la dépense fut supporté par eux.... . Au XVIIe siècle, bien que les processions n'aient cessé qu'avec l'ancien régime, c'était le Chapitre qui pourvoyait à l'entretien de la bougie (2). Cet usage étant tombé en désuétude, le Chapitre décida, en août 1751, de supprimer la lanterne et le candélabre (3).

(1) Comptes de la ville d'Amiens, 1421-1422. Archives de la ville d'Amiens, CC 18, folio 42.

(2) Archives de la Somme, Chapitre d'Amiens, Délibération capitulaire du 25 juillet 1682.

(3) Archives de la Somme, Chapitre d'Amiens, Ms. intitulé *Annales capitulaires* et autres.

Les confrères de saint Sébastien prenaient grand soin de l'entretien et de l'ornementation de l'autel qu'ils possédaient à la Cathédrale : en 1475, le Corps de Ville leur accorda soixante sols pour contribuer à l'érection d'un tabernacle destiné à cet autel (1). Un siècle plus tard, en 1575, l'échevinage donna encore dix livres à la confrérie « jurée par tous les estatz de la ville de grande antiquité.... pour les aider à faire quelques honnestes courtines à la chapelle Saint-Sébastien, en la grande église Nostre-Dame d'Amiens (2) ».

La confrérie de Saint-Sébastien était, avec le Puy Notre-Dame, une des plus célèbres et une des mieux composées de la ville ; elle subsista jusqu'à la Révolution (3). M. Robert Guerlin, de

(1) « Aux maistres et confrères de la confrérie de Saint-Sébastien, la somme de LX s. à eulz ordonnée pour aidier à paier ung tabernacle de hucherie qu'on a fait de nouvel sur l'autel de Saint-Sébastien, en l'église Nostre-Dame d'Amiens ». — Archives de la ville d'Amiens, compte de 1474-1475, CC 53, f° 53 v°. *Cité par M. G. Durand.*

(2) Archives de la ville d'Amiens, BB 41, f° 8 v°. — On appelait courtines des voiles ou rideaux, d'étoffe plus ou moins riche, de couleur assortie à celle des ornements liturgiques. Ces rideaux glissaient sur des tringles reliant des colonnettes placées de chaque côté de l'autel, et formaient ainsi sur les parties latérales une sorte de clôture destinée autant à préserver les officiants des courants d'air, qu'à isoler le prêtre durant la célébration des saints mystères.

(1) Les confréries étaient jadis fort nombreuses à Amiens ; il y en

la Société des Antiquaires de Picardie, a publié sur
cette confrérie une étude des plus intéressantes,
dans la Picardie, revue historique et littéraire
(août 1884). Il termine son travail en donnant la
nomenclature des principaux confrères de l'un
et de l'autre sexe à partir du milieu du XVIIᵉ siècle
jusqu'au début du XVIIIᵉ. On relève sur cette liste
des noms appartenant aux principales familles
d'Amiens. Les Lestocq, les De Herte, les De Mons,
les Pingré, les Louvencourt, les Cornet, les Cre-
ton, les Morgan, les Du Bos, les d'Aguesseau,
les Brunel, les Cardonnoy, les Mouret se faisaient

avait qui n'étaient que de pure dévotion ; M. Dusevel en énumère
quelques-unes dans son Histoire d'Amiens (2ᵉ édition, 1848,
p. 266) ; les autres, formées au sein des corps de métiers,
prenaient pour patron le saint protecteur de la corporation ;
bornons nous à indiquer celles de ces dernières qui célébraient
leur fête à la Cathédrale : les boulangers et pâtissiers (S. Honoré);
les drapiers et marchands chaussetiers (S. François d'Assise);
les merciers (S. Jacques le majeur) ; les peintres, entailleurs
(sculpteurs), enlumineurs et brodeurs (S. Luc ; — ils faisaient
leur fête à la chapelle Saint-Eloy, qui sert aujourd'hui d'entrée
à la Sacristie) ; les tanneurs : ils célébraient leur fête à la
chapelle Saint-Jean-Baptiste *retro chorum ;* ils avaient donné
à cette chapelle un vitrail qui n'existe plus.

L'une des compagnies privilégiées, les Arquebusiers ou couleuvriniers, avait sainte Barbe pour patronne ; le jour de la fête
(4 décembre), ils faisaient chanter une messe à la Cathédrale
dans la chapelle de *Notre-Dame Anglette,* ou des chapelains ;
la musique du Credo que la maîtrise exécutait à cette messe
imitait le crépitement des coups d'arquebuse. (PAGÈS, édit.
L. Douchet, t. III, p. 341).

un honneur d'être inscrits sur les registres de la confrérie. On y remarque deux personnages justement appréciés par tous ceux qu'intéressent les études historiques : Charles Du Fresne Du Cange, le grand érudit, l'illustre auteur du *Glossaire* (né à Amiens en 1610, mort à Paris en 1688) et Jean-Joseph De Court (1647-1723), qui a laissé de précieux Mémoires historiques et chronologiques pour servir à l'histoire civile et religieuse de la ville d'Amiens, mémoires encore inédits.

Les faveurs spirituelles ne manquaient point à la confrérie. Dès 1473, le Souverain Pontife, Innocent VIII, l'enrichit de précieuses indulgences ; malheureusement les authentiques des brefs qui les accordaient ont depuis longtemps disparu

III

A Amiens, comme dans la plupart des villes où existaient des compagnies d'Archers, saint Sébastien était le patron des tireurs d'arc. On attribue à l'évêque de Soissons, Rothade, qui avait reçu de Hilduin, abbé de Saint-Médard, une partie très importante des reliques du saint martyr, ainsi que nous l'avons dit au commencement de cette notice, l'érection en France de la première

confrérie de saint Sébastien. Cette confrérie donna naissance à la compagnie de l'arc de Soissons, et toutes les autres compagnies analogues se formèrent sur le modèle de celle-ci. « Originairement, dit l'abbé Corblet (1), les confrères de Soissons n'avaient d'autre mission que de garder les reliques du saint dans l'église de Saint-Médard, envahie jour et nuit (à l'époque de la fête) par l'affluence des pélerins. L'abbé de ce monastère devint le grand-maître des Archers de France ; l'un de ces abbés, Arnault de Pomponne, renouvela, en 1733, les statuts et règlements généraux qui régissaient toutes les compagnies de l'Arc et les confréries de Saint-Sébastien. ».

Les Archers d'Amiens formaient la plus ancienne des compagnies privilégiées de la ville, mais on ignore à quelle époque précise cette compagnie prit naissance. Elle était florissante au XVe siècle et les faveurs royales ne lui firent jamais défaut ; elle subsista jusqu'à la Révolution. Elle se divisa en deux branches : le *grand serment,* ayant pour patron saint Sébastien, et le *petit serment,* sous le patronage de sainte Christine (2). M. Auguste

(1) *Hagiographie du Diocèse d'Amiens,* t. IV, p. 606.
(2) Sainte Christine, vierge et martyre en Toscane, vers la fin du IIIe siècle. Parmi les divers supplices que lui attribue sa légende, on s'accorde généralement à dire qu'elle fut percée de

Janvier a écrit une notice historique d'une certaine
étendue sur les corporations d'archers, d'arbalétriers, de couleuvriniers et d'arquebusiers des
villes de Picardie (1). Nous y renvoyons le lecteur.

Ce n'était point à la Cathédrale que les Archers
accomplissaient la partie religieuse de leurs exercices. Le siège du *Grand Serment* établi primitivement à la chapelle de l'Hôtel-Dieu, fut plus tard

flèches. C'est à cause de son genre de mort que les archers du
Petit Serment avaient choisi cette sainte pour patronne. Ces
archers, sur lesquels on n'a que peu de renseignements, élisaient
leur capitaine le 24 juillet, jour de la fête de sainte Christine.
Ils avaient probablement les mêmes statuts que les archers du
Grand Serment. Au dire de Pagès, le *jardin* ou enclos où ils
se livraient à leurs exercices était situé devant l'esplanade de la
citadelle. Mais antérieurement, et d'après un plan d'Amiens
datant de 1542, le jardin du *Petit Serment* occupait l'espace
compris aujourd'hui entre les rues de la Queue de Vache, de la
Dodane, Dame Jeanne et le boulevard du Cange. La compagnie
du *Petit Serment* cessa d'exister dans le cours du XVIIᵉ siècle.
On conserve au Musée d'Amiens un méreau de plomb provenant
de cette confrérie : il représente sainte Christine le corps percé
de plusieurs flèches.

(1) Mémoires de la Société des Antiquaires de Picardie,
t. XIV, pp. 61-308. — Le jardin des Archers du *Grand Serment*
était situé au bout de la rue qui conserve encore aujourd'hui
par sa dénomination le souvenir du long séjour de la compagnie
de l'Arc en ces lieux. « En voyant défiler les membres de cette
association, hommes dont la beauté était proverbiale, plus d'un
cœur battait sur leur passage.... aussi la petite rue qui précède
celle des Archers était elle appelée rue du Pont d'Amour... »
On la désignait aussi sous le nom de rue *des Amants*. — GOZE,
Histoire des rues d'Amiens, t. Iᵉʳ, p. 71.

transporté à l'église Saint-Leu, et de là, quelques
années avant la Révolution, à l'église Saint-Sulpice (1). Les Archers ne se rendaient à Notre-Dame
en l'honneur de saint Sébastien que pour accompa-
gner les processions générales, le dimanche le
plus près du 20 janvier et le dimanche précédant
le premier mardi d'août. « Ils marchaient en
corps, deux à deux, l'épée au côté, précédés des
deux sergents de la compagnie, des deux tambours
battant la marche cadencée par les accents du fifre,
ayant en tête le capitaine, le lieutenant, et l'enseigne, étendard déployé. Aux XIVe et XVe siècles,
cet étendard n'était autre que celui de la ville,
c'est-à-dire une bannière de taffetas pers et azur,
armoriée de ses armes ; mais, vers le milieu du
XVIIIe siècle, cet étendard fut remplacé par une
bannière faite de taffetas de soie bleue, semé de
fleurs de lis d'or, coupé à angles droits d'une croix
blanche cantonnée au premier et au quatrième
quartier de deux flèches dorées en sautoir, au
deuxième et troisième d'un arc bandé et armé,
de même métal. Sur la croix qui le traverse se

(1) L'église paroissiale de Saint-Sulpice, d'abord située sur
une partie de l'emplacement de la citadelle, a été transférée
à l'extrémité de la rue Saint-Leu lors de la construction de la
forteresse. Elle a été supprimée au début de la Révolution.
Il n'en subsiste plus que quelques vestiges.

voit la date de 1733 (rénovation des statuts des Archers de France par Arnault de Pomponne), un soleil d'or et au-dessous les armes de France, surmontées de la couronne royale et entourées du collier de l'ordre du Saint-Esprit ». Cet étendard est maintenant au Musée d'Amiens, qui l'a reçu de M. Madaré, parent du dernier capitaine des Archers en exercice lors de la suppression de la Compagnie au début de la Révolution (1).

Le 13 juin 1790, un décret de l'Assemblée nationale législative, bientôt sanctionné par le roi Louis XVI, prononçait la dissolution « de tous corps particuliers de milice bourgeoise d'arquebusiers ou autres, sous quelque dénomination que ce soit. ». Leurs membres étaient tenus de s'incorporer dans la garde nationale, nouvellement créée, *sous les mêmes drapeaux*, les mêmes officiers, le même état-major... « Les drapeaux des anciens corps et compagnies seront déposés à la voûte de l'église principale pour y demeurer consacrés à l'union, à la concorde et à la paix ». (2).

(1) La bannière dont il s'agit avait depuis quelque temps cessé de servir dans les cérémonies publiques, parce que les délicates peintures dont elle est ornée se détérioraient trop par l'usage. Le capitaine de la compagnie conservait précieusement chez lui l'enseigne que possède le Musée. — A. JANVIER, *Ouvrage précité*.

(2) Décret cité par A. JANVIER, Ouvrage ci-dessus indiqué.

Pour obéir à cette dernière injonction, le 27 août 1790, les compagnies privilégiées de la ville d'Amiens vinrent solennellement remettre leurs drapeaux à la Cathédrale. Ils furent présentés par l'un des anciens capitaines de l'arquebuse, et reçus par l'Archidiacre d'Amiens. On suspendit ces drapeaux et étendards aux galeries intérieures de la basilique.

Réorganisée à Amiens dans les premières années du XIXᵉ siècle, la compagnie fondamentale du jeu de l'Arc se considère comme continuant l'antique corporation des Archers, et les règlements qui la régissent sont, à peu de chose près, la reproduction des anciens statuts qu'observaient avant 1789 toutes les compagnies de France sous la direction de l'Abbé de Saint-Médard de Soissons. Le jardin où s'exercent les Archers est situé dans le fossé longeant le boulevard Saint-Jacques (actuellement dénommé boulevard Faidherbe). La compagnie assiste en corps, le dimanche le plus proche du 20 janvier à la messe de midi à la Cathédrale (1). Elle s'y rend précédée de son tambour, qui bat aux champs pendant l'élévation.

(1) Pendant longtemps cette messe fut dite à l'autel de Saint-Sébastien ; depuis quelques années elle est célébrée au maître-autel et les chevaliers de l'Arc, pour y assister, se placent dans les stalles du chœur.

L'un des chevaliers porte une bannière sur laquelle se détache sur fond de velours rouge l'image brodée de Saint-Sébastien (1). Le revers de la bannière est la reproduction, un peu modifiée, du vieil étendard conservé au Musée. (Les armes d'Amiens, supportées par des licornes d'argent, ont remplacé l'écusson royal). Cette enseigne a été offerte à la compagnie en 1903, centième anniversaire de la réorganisation ; elle fut alors bénite par M. l'abbé Daveluy, archiprêtre d'Amiens. Il existe une autre association d'Archers qui, le même jour, célèbre sa fête patronale à l'église Saint-Jacques. Ceux-ci ont pris le nom de *Francs Archers*. Plusieurs sociétés d'archers ou d'arbalétriers de moindre importance ont été créées dans les dernières années du XIXᵉ siècle.

M. l'abbé CORBLET (Hagiographie, t. IV, pp. 606 et suivantes) donne quelques renseignements sur les anciennes compagnies d'archers qui existaient autrefois en Picardie sous le patronage de saint Sébastien.

On conserve à la Cathédrale quelques reliques de saint Sébastien, une entre autres dans une

(1) Cette image a été dessinée d'après une sculpture en bois du XVIIᵉ siècle, provenant de l'ancienne compagnie des Archers et donnée au Musée d'Amiens par M. Madaré, en même temps que l'étendard.

petite châsse que l'on expose en temps d'épidémie, et qui est habituellement placée sur une
crédence dans la chapelle de saint Firmin, martyr;
cette châsse renferme aussi des reliques de plusieurs autres saints. Un fragment d'ossement est
enchâssé sur l'un des plats de la couverture d'un
livre d'épîtres et évangiles qui sert encore à la
Cathédrale aux fêtes solennelles. Ce livre provient
de l'église Saint-Firmin-en-Castillon. Au-dessus
du petit médaillon contenant la relique, l'image
de saint Sébastien, en buste, est gravée sur une
plaque d'argent (1).

L'abbé Corblet indique en outre *(Hagiographie,*
t. IV, p. 610) la présence de reliques plus ou moins
importantes du saint martyr au Carmel, à la Visitation et à la Sainte-Famille d'Amiens; à Bourdon,

(1) Ce volume est relié en velours rouge, avec coins et ornements d'argent. C'est un manuscrit d'une belle écriture; le titre
est ainsi conçu :

Liber Epistolarum et Evangéliorum Dominicarum et Festorum
sive mobilium sive immobilium, quæ ritu solemni celebrantur
in Ecclesia Parocciali sancti Firmini Martyris dicti in Cas-
tellione in urbe ambianensi juxta ordinem Missalis et incipiendo
ab Adventu.

Confectus sub rectoratu Sap. M. N. Caroli Guidonis du
Tilloy sacræ facultatis Parisiensis doctoris theologi.

Scribebat Jacobus Delacourt, anno M. DCC. LX.

L'église de Saint-Firmin-en-Castillon, supprimée et détruite
lors de la Révolution, était située place de l'Hôtel-de-Ville,
endroit présumé du martyre de saint Firmin.

Corbie, Etelfay, Mailly, Saint-Riquier, etc. — Il
y en avait jadis à l'abbaye de Saint-Jean, à l'Hôtel-
Dieu, aux Minimes, aux Célestins et à l'ancienne
Visitation d'Amiens; aux Chartreux d'Abbeville,
à Notre-Dame de Longpré, à Saint-Jean de Péronne,
à Saint-Martin de Picquigny, etc.

IV

De 1633 à 1636, tandis que les Espagnols rava-
geaient la Picardie, la peste, compagne ordinaire
de la guerre, désola de nouveau la ville d'Amiens,
qui fut bien des fois éprouvée par ce fléau aux
siècles passés (1). Les circonstances engageaient
à recourir avec plus de ferveur que jamais à la
protection des saints que l'on invoque d'une façon
toute spéciale dans ces temps de calamité. Il était
donc opportun de donner un nouvel éclat au culte
de saint Sébastien. en associant ce Bienheureux à
saint Roch et à saint Louis à qui, par toute la
France, on adresse des supplications particulières
durant les épidémies. Saint Louis, est-il besoin de
le rappeler? prodigua ses soins aux croisés atteints

(1) *Les Pestes ou Contagions à Amiens pendant les* XVe, XVIe
et XVIIe *siècles*, par A. DUBOIS. — Mémoires de la Société des
Antiquaires de Picardie, t. XXIII, pp. 313 et suiv. — Voir aussi
DE COURT, PAGÈS et la plupart de nos historiens locaux.

de la peste ; il succomba lui-même sous les coups du fléau qui décimait son armée campée devant Tunis (25 août 1270). « Saint Roch, né à Montpellier sur la fin du XIIIe siècle, abandonna de grands biens (1) pour aller visiter à Rome les tombeaux des apôtres. Il mendiait son pain en voyage et trouva sur sa route plusieurs villes ravagées par la peste. Se mettant au service des malades, plus d'une fois il les guérit au moyen du signe de la croix. Acquapendente, Césène, Rome le virent s'exposer ainsi à la mort et rendre la santé aux pestiférés. Mais à Plaisance il fut atteint lui-même du mal contagieux et une plaie qui lui survint à la cuisse lui arrachait des cris aigus (2). Pour ne pas être importun aux autres,

(1) Des généalogistes modernes semblent établir que les Rocha (Roca, Roch) de Montpellier, tenaient un rang considérable dans l'aristocratie languedocienne qui se trouva mêlée aux offices de la Cour Aragonaise. (Cf. AA. SS. August., t. III, p. 381. — *Revue nobiliaire,* juillet 1866, p. 318, et suiv.

(2) Sur une médaille de dévotion conservée au Musée d'Amiens et paraissant provenir d'une ancienne confrérie religieuse, instituée pendant la peste de 1581, dans l'église Saint-Firmin-le-Confesseur, saint Roch est représenté vêtu d'un costume de pèlerin. Sa robe est relevée et un petit ange lui touche le genou de la main droite. Cet ange est un des attributs que la tradition prête à saint Roch. On le représente plus souvent, il est vrai, avec un chien, fidèle compagnon de ses infortunes. Mais la légende de l'ange qui vient guérir par un céleste attouchement la plaie qu'une flèche lui avait faite au

il se traîna vers un bois voisin, s'abritant dans une pauvre cabane où il comptait mourir inconnu. Dieu l'y guérit sans autre remède que l'eau d'une source voisine; en même temps le Ciel pourvut à sa subsistance de la façon que voici. Non loin de ce bois s'élevait un château habité par un riche seigneur de Plaisance, qui s'y était retiré pour échapper à la contagion. Un jour qu'il se mettait à table, un de ses chiens de chasse saisit un pain qu'il emporta sur le champ en courant avec une extrême vitesse. Ce larcin parut étrange quand il

genou, a été traduite dans plusieurs monuments iconographiques, et, pour ne parler que des temps modernes, c'est ainsi que saint Roch a été représenté dans un tableau de Spécart, gravé par Corn. Cort, et dans une gravure de Jérôme Wierix. — Sur la même médaille sont aussi représentés saint Sébastien, saint Adrien, saint Marcoul et saint Christophe; ces bienheureux étaient invoqués conjointement avec saint Roch comme intercesseurs en temps d'épidémie. — La confrérie érigée dans l'église Saint-Firmin-le-Confesseur, avec l'approbation épiscopale, avait eu pour fondateur Jean Domont ou Damont, mercier, qui se chargea de l'exécution d'un vœu fait par les paroissiens. — *Notice sur une médaille de dévotion.....* par l'abbé J. CORBLET, *Mém. de la Soc. des Ant. de Picardie*, t. XX, pp. 289 et suiv. — *Histoire d'Amiens*, par le P. DAIRE, t. II, p. 193. — Une tradition rapportait que l'ange qui, par son attouchement, guérit la plaie de saint Roch, lui remit une promesse écrite que la peste cesserait à son invocation. Rubens a représenté ce fait, mettant entre les mains de l'ange une tablette qui porte ces mots : *Eris in peste patronus*. — *Caractéristiques des saints*, par le P. CH. CAHIER, t. 1er, p. 41.

se fut renouvelé plusieurs fois, et l'on fit suivre l'animal pour voir où il portait son butin. On trouva qu'il venait déposer cette nourriture aux pieds du malade isolé dans la forêt, lui faisant mille caresses, comme s'il eut été heureux de lui rendre ce bon office journalier. Le seigneur (que l'on appelait Gothard) voulut voir ce solitaire, et se trouva si bien d'avoir connu saint Roch, qu'il se mit à vivre chrétiennement, ce dont il avait grand besoin. Il abandonna même ses richesses et mourut en odeur de sainteté. Saint Roch, guéri, reprit le cours de ses voyages, de ses services charitables et de ses miracles; il vint mourir méconnu dans sa patrie en 1327. L'honneur qu'on lui rendit au concile de Constance, en 1414, pour écarter la peste, peut faire supposer qu'il était connu comme intercesseur contre les contagions. Mais cette solennité dut contribuer beaucoup à répandre son culte au loin. Dans le fait, il a presque effacé depuis lors l'ancienne réputation de saint Sébastien, de saint Adrien, et de quelques autres qui étaient jadis invoqués dans les épidémies. C'est pourquoi plusieurs villes languedociennes et aragonaises (y compris la Catalogne et le royaume de Valence) avaient nombre de maisons marquées des lettres V. S. R. (*vive saint*

Roch ! viva san Roque !) comme garantie contre la peste (1). »

Les Maîtres des Rhétoriciens du Puy Notre-Dame, en charge pendant les années 1634 et 1635, Jean Hémart et François Mouret (2) s'associèrent pour reconstruire à frais communs l'autel de saint Sébastien à la Cathédrale : cet autel fut alors placé sous le triple vocable qui vient d'être indiqué.

Blasset avait été l'architecte et le sculpteur de la chapelle du Puy Notre-Dame dans le bras méridional du transept. Cet artiste fut chargé de donner un pendant à ce premier ouvrage en réédifiant dans la partie opposée de l'église, à gauche de l'entrée du chœur, l'autel de Saint-Sébastien. Nous y retrouvons donc les mêmes dispositions principales : l'autel, adossé à un pilier, est protégé par une balustrade de cuivre et de marbre noir, enclôtant une petite enceinte rectangulaire élevée au-dessus du sol de l'église : on y accède par trois marches, dont deux en demi-cintre ; le dallage de cette enceinte est formé de

(1) *Caractéristiques des Saints dans l'art populaire*, par le PH. CAHIER, S. J. t. Iᵉʳ, pp. 216-217.

(2) Jean Hémart, bourgeois et marchand ; François Mouret, ancien échevin, seigneur de la mairie de Vers et autres lieux. Ils appartenaient l'un et l'autre à de vieilles et honorables familles amiénoises, qui comptent encore des représentants en Picardie.

carreaux alternativement en pierre blanche et en marbre de Rance ; le soubassement sous la balustrade est en marbre de Rance. Le retable est orné de six colonnes aux bases et chapiteaux dorés, aux fûts de marbre. Ces colonnes supportent un couronnement identique dans l'ensemble de ses formes contournées à celui que surmonte le groupe représentant la Vierge tirant un enfant d'un puits (1).

Le grand cadre du milieu était primitivement occupé par un tableau représentant Jésus descendu de la croix et déposé entre les bras de sa Mère. Le roi régnant, Louis XIII, Anne d'Autriche, son épouse, Monseigneur François Le Febvre de Caumartin, prélat qui gouvernait alors le diocèse d'Amiens (2), les donateurs Hémart et Mouret, entourés des principaux membres de leurs familles, figuraient agenouillés autour du groupe principal, comme personnages accessoires : on

(1) « L'architecture de l'autel Saint-Sébastien.... est exactement semblable à celle de Notre-Dame du Puy, avec cette seule différence que la plus grande partie de ce qui là est en bois, ici est en pierre. — Le marché du 19 avril 1635 stipule que l'architecture et les statues seront exécutées en pierre de Caen. » — DURAND, *Description de la Cathédrale*, t. II, p. 419.

(2) François Le Febvre de Caumartin appartenait à une famille originaire du Ponthieu. Il fut évêque d'Amiens de 1618 à 1692, année de sa mort.

retrouve dans cette disposition la donnée de la plupart des anciens tableaux du Puy. On lisait dans un cartouche le refrain palinodial collectif des deux Maîtres :

En Jésus ET MAR*ie notre a*MOUR EST *uni*.

Chacun des donateurs avait près de lui son refrain particulier. Ces refrains renfermaient, selon l'usage traditionnel au Puy Notre-Dame, des jeux de mots relatifs aux noms des Maîtres qui présentèrent le tableau. Le refrain de François Mouret est ainsi conçu :

*Fort est la mort, l'a*MOUR EST *sa victoire*.

Celui de Jean Hémart consiste en ce vers :

Jésus mourant DES MART*yrs est la gloire*.

Pagès, en décrivant l'autel de Saint-Sébastien (1), ne dit point qui était l'auteur du tableau du retable. Rivoire, dans sa Description de la Cathédrale, publiée en 1806, attribue cette peinture à *Warrin, peintre d'Amiens* (2). La plupart de ceux qui écrivirent plus tard sur le même sujet, ont répété que cette œuvre était due au pinceau de l'artiste qui vient d'être nommé (3). L'attribu-

---

(1) Ms. de PAGÈS, édit. L. Douchet, t. V. p. 177.

(2) *Description de la Cathédrale d'Amiens*, par RIVOIRE, p. 144.

(3) GILBERT, *Descr. histor. de l'église Cath. d'Amiens.* p. 220; GOZE, *Eglises, châteaux, beffrois*, etc., t. II. p. 33; l'abbé ROZE

tion était inexacte : M. A. Dubois, des Antiquaires de Picardie, a découvert et analysé un acte passé le 19 avril 1635 devant M° de Piennes, notaire à Amiens, acte en vertu duquel Nicolas Blasset s'engage à reconstruire et orner de sculptures l'autel de Saint-Sébastien aux frais des deux Maîtres du Puy, Hémart et Mouret, moyennant une somme de 5000 livres, à laquelle s'ajoutèrent 500 livres, payées au peintre Vignon le 18 Janvier 1640, pour le tableau du retable (1).

Le sujet de ce tableau avait été modifié, car, au lieu de la Descente de croix, aux termes du marché du 19 avril 1635, il aurait dû représenter *une Vierge au milieu, avec les quatre estatz priant, quy seront désignés.* Le peintre était probablement Claude Vignon, artiste bien connu, dont la fécondité était extrême (2). On ignore pourquoi

(*Visite,* etc. 9° édit. p. 67). Dusevel, en décrivant l'autel, ne parle point du tableau (*Notice historique,* etc. p. 63) ; CH. BLANC. *Histoire des peintres,* Ecole française, t. III, p. 8, *Appendice,* est tombé dans la même erreur.

(1) L'*Œuvre de Blasset...* par A. DUBOIS, 1862, p. 22 et 85.

(2) Claude Vignon, peintre et graveur français, né à Tours en 1594, mort en 1670. On rencontre un certain nombre d'œuvres de cet artiste dans divers musées de villes de France. « En toutes ces toiles, la composition est invraisemblable, le dessin boursouflé, la couleur violente et dure. Il imitait surtout le style du Caravage » — ANDRÉ GIRODIE, *Grande Encyclopédie,* t. XXXI, p. 987.

Quentin Warin passa pour être l'auteur de cette peinture (1).

Quoi qu'il en soit, le tableau primitif a disparu ;

(1) Quentin Varin (et non *Warin*) peintre picard, naquit à Beauvais, probablement vers 1580 ; il fut inscrit comme bourgeois d'Amiens par la municipalité de cette ville le 20 octobre 1609. Il épousa une amiénoise, Antoinette Maressal, dont le père, Raoul, cultivait aussi l'art de la peinture. Quentin Varin séjourna aux Andelys, où il avait été appelé pour des travaux artistiques. Il connut dans cette ville le jeune Nicolas Poussin, alors âgé de seize ans ; il lui donna des leçons : « C'est le fait partout mentionné comme le plus saillant et le plus connu de la vie de Varin. Poussin conserva toujours de lui un souvenir très vif ; il disait plus tard à Rome que Varin avait le premier en France su rendre la perspective. » — EMILE DELIGNIÈRES, *Notice sur Quentin Varin*.

Des œuvres de Quentin Varin se trouvent encore à Beauvais, à Avignon, aux Andelys, à Paris et à Fontainebleau. Une modeste église de campagne, celle d'Ailly-sur-Somme, aux portes d'Amiens, possède un tableau, *Les disciples d'Emmaüs* ou la fraction du pain, qu'un distingué critique d'art, M. Emile Delignières, croit, avec justes motifs, pouvoir attribuer à Varin. A l'église Saint-Gilles d'Abbeville, il y a une toile, celle là datée et signée, dès lors absolument authentique, qui est due au pinceau du peintre dont il s'agit. Cette peinture représente *Le Christ mort sur la croix*, ayant à ses côtés, à gauche la Vierge et à droite saint Jean, tous deux debout, placés symétriquement. Quentin Varin est mort à Paris, au commencement de l'année 1627.

Une de ses filles, Magdeleine Varin, née à Amiens le 9 janvier 1611, paroisse Saint-Firmin-le-Confesseur, entra au couvent des Ursulines d'Amiens le 16 mars 1627. Elle aussi peignait, comme son père et son aïeul Maressal. Elle avait tracé les esquisses de plusieurs tableaux destinés à orner l'église de son monastère. La mort qui la frappa en 1647 ne lui permit pas de terminer le travail entrepris. Toutefois son œuvre ne devait pas demeurer inachevée, car elle laissait après elle un groupe d'élèves très détérioré par l'humidité (1), il fut, dans les premières années du XIX⁰ siècle, remplacé par une autre toile, assez médiocre. représentant le Christ en croix entre la Vierge et saint Jean. Cette peinture qui, elle-même est actuellement dans un triste état, provient, au dire de Baron, du couvent supprimé des Dames de Moreaucourt (2). C'est

déjà formées, et choisies parmi les religieuses du couvent. Il convient de citer au premier rang, en raison de leur habileté, trois amiénoises, les sœurs Françoise Becquerel, Marguerite Canteraine, et Françoise Du Crocquet, qui terminèrent les toiles ébauchées par la Mère Sainte-Magdeleine Varin. Il est probable que celle-ci avait également composé les cartons de broderies fort habilement exécutées par les Ursulines d'Amiens. « C'est un rare et curieux spectacle dit un archéologue amiénois, M. Robert Guerlin, que celui d'une véritable école de Beaux-Arts, fonctionnant à l'ombre d'un cloître. »

Des études très documentées et fort intéressantes ont été publiés sur Quentin Varin par M. Jules ROMAIN BOULENGER *(Mém. de la Soc. des Antiquaires de Picardie*, t. XXVIII, p. 103), et par M. EMILE DELIGNIÈRES (Mémoire lû à la réunion des Sociétés des Beaux-Arts des départements, tenue à Paris, à l'École des Beaux-Arts, le 3 juin 1903. M. ROBERT GUERLIN, avait dans une séance analogue, tenue le 22 mai 1891, donné lecture d'une importante notice sur les Broderies exécutées par les religieuses Ursulines d'Amiens et il rend un juste hommage à la fille de Quentin Varin.

(1) « Le tableau de l'autel, fort altéré par le *tempus edax*, laisse encore apercevoir les restes d'une Descente de croix qu'on contemple avec quelque plaisir. On y remarque très distinctement la figure de Louis XIII et celle de sa femme. » — RIVOIRE, *Description de la Cathédrale*, p. 144; — 1806.

(2) En 1165, Aléaume d'Amiens, seigneur de Flixecourt et autres lieux, avait fondé à Moreaucourt, village distant d'Abbe-

une œuvre de l'école française paraissant dater
du XVIIIe siècle, et ne portant point de signature.
(Le tableau est haut de 3 mètres, sur une largeur
de 1^m78. — G. Durand).

Sur un socle placé au milieu du fronton coupé
qui couronne le retable se dresse la statue en
pierre de saint Sébastien (haute de 2^m25), les
mains liées par derrière et attachées à un tronc
d'arbre, le corps nu, ceint d'un linge autour des
reins (1), et percé de quatre flèches, une au-dessus

ville d'environ quatre lieues, un prieuré de religieuses de l'Ordre
de Fontevrault. La guerre ayant éclaté de nouveau sous
Louis XIII, entre la France et l'Espagne, et l'ennemi faisant de
fréquentes incursions en Picardie, ces religieuses ne se croyant
plus en sûreté à la campagne, demandèrent et obtinrent en 1636,
la permission de transférer à Amiens le siège de leur communauté ;
elles s'établirent dans la rue des Rabuissons à l'endroit où se
trouvent aujourd'hui la Bibliothèque communale et le Musée ;
leur église renfermait un très grand nombre de reliques.

(1) « C'est toujours ainsi qu'on a représenté dans le cours du
moyen-âge ce généreux confesseur de la foi. Je dis dans le
cours du moyen-âge, car dans les monuments de la primitive
église, que je viens d'avoir occasion d'étudier en Italie, j'ai
remarqué que saint Sébastien était représenté sous les traits d'un
vieillard, revêtu d'habits guerriers, et tenant entre ses mains la
couronne d'immortalité que lui a méritée son courageux martyre.
Le moyen-âge l'a dépouillé de sa vieillesse et de ses vêtements,
et la Renaissance a trouvé là une bonne occasion d'introduire
dans nos églises des études académiques qui y sont fort dé-
placées ». — Abbé J. CORBLET, *Notice sur une médaille de
dévotion*..... Mém. de la Soc. des Ant. de Picardie, t. XX, p. 291.
— Il est étonnant, que, d'après le dire de l'abbé Corblet, quelques

du sein droit, une autre à gauche, vers le milieu
du tronc, la troisième vers la région de l'aîne, à
gauche, la quatrième au haut de la cuisse droite (1).
La tête du martyr, légèrement inclinée, penche
vers la gauche; le visage exprime un sentiment
de souffrance calme et résignée; la chevelure est
abondante et un peu bouclée par en bas ; la face
est imberbe ; les traits sont ceux d'un homme
encore jeune. On loue avec raison le modelé de
cette belle figure, qui a permis à Blasset de faire
preuve de sa science anatomique. « Cette statue,
dit M. G Durand (2), peut passer pour une des
plus remarquables qu'ait produites le ciseau de
l'artiste. »

Le casque et la cuirasse du guerrier martyr sont
déposés à ses pieds : à droite, la cuirasse, telle

artistes aient eu l'idée de représenter saint Sébastien sous la
figure d'un vieillard : cela est en contradiction flagrante avec la
vérité historique; quant à la nudité, elle est conforme à la vrai-
semblance; elle n'a d'ailleurs rien de choquant quand les règles
de la décence sont observées, comme elles le sont sur la statue
de Blasset, de même que sur toutes les représentations analogues,
sculptées ou peintes, que nous connaissons.

(1) Le sculpteur ne s'est point conformé au tableau que fait
du supplice de saint Sébastien le naïf auteur de la *Légende dorée*,
Jacques de Voragine; il est vrai que la statue eut beaucoup
perdu au point de vue esthétique : *« on descocha sur luy une
gresle de flèches si menue, que son corps sacré ressembloit plustot
à un hérisson qu'à un homme »*.

(2) *Description de la Cathédrale d'Amiens*, t. II, p. 420.

que la donnaient aux soldats romains les artistes
de la Renaissance ; à gauche, le casque empanaché
et présentant sur sa partie antérieure un mufle de
lion.

Au-dessus de la tête de saint Sébastien, contre
le pilier, deux enfants nus et ailés, des anges ou
génies, descendent du ciel par un vol rapide,
apportant les palmes de la victoire et la couronne
triomphale qu'a méritées le courageux athlète de
la foi

D'après le devis retrouvé par M. Dubois,
saint Sébastien devait être accompagné de deux
archers ; ils auraient représenté la vieille compagnie Amiénoise qui avait choisi le glorieux martyr pour patron. On ignore par suite de quelles
circonstances ces statues d'archers ne furent point
exécutées : on mit à la place qu'elles devaient
occuper, aux angles de la corniche, près des
enroulements du fronton (1), d'un côté, à gauche
en regardant l'autel, la Justice, portant des ba-
lances, de l'autre, à droite, la Paix, tenant une

---

(1) Sous ces enroulements, de chaque côté du socle de la
statue de saint Sébastien, sont deux cartouches de forme ovale,
sur chacun desquels sont peints deux S entrelacées ; ces lettres
en caractères gothiques (calligraphie romantique) sont évidem-
ment modernes : elles ont dû être tracées lors de la restauration
de la chapelle en 1832 ; peut-être les écussons portaient-ils primitivement des armoiries?

corne d'abondance remplie de fruits. Ces statues assises se regardent (elles ont chacune 1^m85 de hauteur). Elles reposent sur des socles au devant desquels sont des tablettes de marbre noir où sont gravées ces inscriptions : sous la Justice,

JUSTITIA ET PAX (1)

sous la Paix,

OSCVLATÆ SVNT *(Psal.* LXXXIV, 11).

Peut-être, selon le goût de l'époque, ces figures symboliques ont-elles paru convenir davantage à un monument destiné à rappeler que la Justice divine, qui châtie par le fléau de la contagion, se laisse désarmer aux accents de la prière, et fait bientôt place à la Miséricorde, *à la Paix?* L'inscription centrale vient appuyer cette pensée consolante : au devant du socle de la statue de saint Sébastien on lit, en effet, écrite en lettres d'or sur une plaque de marbre vert, cette légende :

TRIPLICEM
MEDICVM DAT
GALLIA PESTI

La France a trois médecins contre la peste.

(1) Cette partie d'inscription paraît avoir été refaite, sans doute lors de la réparation de 1832. — DURAND, *Description de la Cathédrale d'Amiens,* t. II, p. 420.

Nous venons de voir le premier : les deux autres sont placés plus bas, à droite et à gauche du retable de l'autel. Ce sont saint Roch et saint Louis, dont, comme nous l'avons dit précédemment, on réclamait la protection avec celle de saint Sébastien, dans les temps de calamité. Le pieux pèlerin de Montpellier, qui se dévoua au soin des pestiférés de Rome et de l'Italie, est représenté dans son attitude ordinaire, debout et relevant son vêtement pour montrer du doigt la plaie de l'une de ses jambes. Le sculpteur n'a point oublié le compagnon dont la fidélité à saint Roch est devenue proverbiale : le bon animal est modestement couché dans l'ombre, levant la tête vers le serviteur de Dieu, auquel il portait chaque jour le pain nécessaire à sa subsistance. Au-dessous de la statue, sur une tablette de marbre noir, sont inscrites en lettres d'or ces paroles :

PAVPERTAS
NON DEPRESSIT.

Saint Roch, né dans l'opulence et occupant un rang élevé selon le monde, et puis plongé tout à coup dans une extrême misère, ne se laissa pas abattre, et, de même que Job, sut donner un noble exemple de patience et de résignation.

La statue de saint Louis était une des plus belles œuvres de Blasset. La tête avait une grande expression. On admirait aussi l'ampleur majestueuse du manteau royal, fourré d'hermine et noblement jeté sur les épaules du prince. Mais les amis de la vérité historique reprochaient au sculpteur un anachronisme : l'artiste avait donné à Louis IX le collier de Saint-Michel, dont l'Ordre fut institué par Louis XI, deux siècles après la mort du saint roi (1).

Les iconoclastes de 1793 n'ont pas permis à cette sainte image d'arriver jusqu'à nous ; pendant une de ces réunions tumultueuses qui, à l'époque révolutionnaire, profanèrent trop sou-

(1) Le roi Louis XI institua l'Ordre de Saint-Michel par une ordonnance datée du château d'Amboise le 1er août 1469. Il s'en déclara le chef et fixa à trente-six le nombre des chevaliers. Les statuts primitifs furent modifiés en 1476. Les chevaliers portaient un collier d'or « *faict à coquilles lacées l'une avec l'autre, d'un double lacs, assises sur chaînettes ou mailles d'or, au milieu duquel, sur un roc, il y aura une image d'or de Monsieur Sainct Michel qui reviendra pendant sur la poitrine* ». Sous le règne de Henri II, le collier de Saint-Michel fut prodigué outre mesure, et tomba en complète déconsidération, ce qui, plus tard, obligea Louis XIV à annuler une partie des nominations, et à reconstituer l'ordre sur de nouvelles bases, le 14 juillet 1661. Suspendu pendant la Révolution, l'ordre de Saint-Michel fut rétabli par Louis XVIII le 16 novembre 1816 : le roi le destinait à récompenser les Français se distinguant dans les sciences, les lettres et les arts. Il a cessé d'être conféré lorsque Louis-Philippe devint roi des Français.

vent les nefs de Notre-Dame, un orateur de club, monté dans la chaire, sut communiquer à ses auditeurs la fureur impie dont l'ivresse l'avait enflammé : il désigna à ces forcenés les figures qui, par leurs attributs, rappelaient la royauté, qu'ils détestaient. La statue d'Esther, à l'autel de Notre-Dame du Puy, et celle de saint Louis, à l'autel de Saint-Sébastien, volèrent bientôt en éclats. L'énergumène se fit apporter dans la chaire la tête du monarque, et après avoir proféré mille insultes contre le saint et sa race, il lança de toutes ses forces ce bloc mutilé sur les dalles, où il se brisa (1). A la réouverture des églises, on

(1) A cette triste époque la Cathédrale, comme d'ailleurs à peu près partout en France la plupart des églises, servait d'endroit de réunion pour les assemblées populaires. Le 22 brumaire an II (12 novembre 1793), André Dumont, membre de la Convention, en mission à Amiens, convoque dans la basilique la Commission révolutionnaire du District, les tribunaux et tous les citoyens de la Commune. Du haut de la chaire il proclame que ce temple sera désormais le temple de la Raison et de la Vérité, et que l'on ne s'y réunirait que pour honorer la Vertu et soulager l'Humanité souffrante. Il fut en outre décidé qu'à l'instar de la fête de la Raison, qui avait eu lieu à Notre-Dame de Paris deux jours plus tôt, une fête du même genre serait célébrée à la Cathédrale d'Amiens, le 30 brumaire suivant. Il paraît probable que ce fut au cours de cette séance qu'André Dumont fit briser les statues d'Esther et de saint Louis. — André Dumont était un picard : il était né à Oisemont le 24 mai 1764; sa mission à Amiens dura du 4 septembre 1793 au 3 mai 1794. Il se fit remarquer par la violence de son langage, mais on doit reconnaître

mit provisoirement sur le socle vide une statue de Notre-Dame de Pitié, enlevée au monument funéraire du chanoine Antoine Niquet, placé au bas de la nef, vis à vis le portail Saint-Christophe (1).

Lors de la première invasion en France de l'épidémie cholérique, qui par la gravité de ses ravages devait rappeler ceux causés par la peste au temps passé, on eut la pensée de recourir aux saints protecteurs qu'invoquaient nos pères contre la contagion. L'autel de Saint-Sébastien était dans

qu'il ne se livra pas aux actes sanguinaires qui déshonorèrent tant de conventionnels chargés d'implanter dans les départements les idées révolutionnaires. Sa mission terminée, Dumont retourna à Paris et devint un personnage important à la Convention, qu'il présida plusieurs fois. Élu membre du Conseil des Cinq-Cents, il fut nommé sous-préfet d'Abbeville au 18 brumaire. La Restauration le remplaça par M. Gorjon de Verville le 8 avril 1814. Préfet du Pas-de-Calais pendant les Cent jours, il fut exilé au retour des Bourbons, rentra en France en 1830 et mourut à Abbeville, le 21 octobre 1838. — A. DE CALONNE, *Histoire d'Amiens*, t. II, pp. 500 et suiv. — Cf. BARON, *Description de la Cathédrale*, édit. Soyez, p. 169; DARSY, *Amiens pendant la Révolution*, t. II, p. 19; DURAND, *Description de la Cathédrale*, t. Iᵉʳ, pp. 137-138, etc., etc.

(1) « Un dessin des environs de 1820, appartenant à la Société des Antiquaires de Picardie, représente l'autel de Saint-Sébastien garni de la statue de Notre-Dame-de-Pitié ». — DURAND, *Description de la Cathédrale d'Amiens*, t. II, p. 420. La Vierge a été replacée sur le tombeau d'Antoine Niquet. Elle est en plâtre, et elle ne paraît ni du même faire, ni de la même époque que le reste du monument. Elle devait déjà exister cependant au commencement du XVIIIᵉ siècle : Pagès dit positivement qu'on

un état qui exigeait une prompte restauration. En décembre 1831, quand le choléra sévissait déjà en Russie et en Allemagne et menaçait notre patrie, le Chapitre de la Cathédrale, sur la proposition de l'abbé Affre, vicaire général, ouvrit une souscription pour réparer la chapelle du saint Martyr, et, si les fonds étaient suffisants, celle de Notre-Dame du Puy (Délibération capitulaire du 15 décembre 1831). Le produit de la souscription permit seulement de s'occuper de la première de ces deux chapelles. Un devis fut dressé par Martin Delabarthe, peintre à Amiens : il s'élevait à

voit dans ce monument « la Sainte-Vierge en pied, de grandeur naturelle, dans l'attitude d'une mère pénétrée de douleur à la vue de l'état pitoyable où son cher Fils est réduit. Le sculpteur pour mieux marquer l'excès des douleurs de la divine Marie, a représenté son cœur percé de la pointe de plusieurs épées ». La statue actuelle répond bien à ce signalement. La Vierge debout, la tête voilée et les yeux au ciel, joint les mains avec un geste de prière et de douleur, trois glaives lui percent le cœur. Il n'y a qu'à jeter les yeux sur le monument pour saisir la différence qui existe entre cette statue et les deux autres (celle de saint Antoine, et celle du chanoine Niquet) : le maintien plus raide, les traits moins accentués, les draperies plus rares, plus molles, moins étudiées. — Bien que Pagès n'en dise rien, et qu'on n'en ait aucune preuve certaine, on attribue généralement ce monument à Nicolas Blasset. On reconnaît bien en effet dans les deux statues d'Antoine Niquet et de saint Antoine, mais non dans celle de la Vierge, la manière du sculpteur Amiénois ». — DURAND, *Description de la Cathédrale d'Amiens*, t. II, p. 540.

3.200 francs pour la décoration picturale (1).
« C'est à cette restauration qu'il faut faire remonter
les mauvais poncifs bleu et or qui déparent les
autels Saint-Sébastien et Notre-Dame du Puy,
ainsi que les laides portes en fonte (*croix radiée
inscrite dans un cercle entouré d'ornements de
mauvais goût*) qui ont été adaptées aux balus-
trades en marbre et cuivre de l'une et de l'autre
pour remplacer les portes de bronze enlevées
pendant la Révolution (2). »

Deux sculpteurs amiénois, MM. Duthoit frères,
firent une nouvelle statue de saint Louis qui
permet de moins regretter l'ancienne. A ces
artistes aussi on a pourtant reproché un anachronisme : l'armure n'est pas du XIIIe siècle, les
articulations ornementées se rapprochent du style
de la Renaissance. Nous savons, par des preuves
multiples, MM. Duthoit trop bons archéologues
pour avoir péché par ignorance ; ils ont voulu
donner à leur Saint-Louis le cachet de l'époque
à laquelle appartient la chapelle qu'il décore et

(1) G. DURAND, *Description de la Cathédrale*, t. II, p. 420.
En 1901, la balustrade qui entoure cet autel et celle de l'autel
de Notre-Dame du Puy furent l'objet d'une assez importante
réparation. — *Id.* p. 419 ; la balustrade de la chapelle Saint-
Sébastien avait déjà été réparée en 1782 ; Arch. de la Somme :
Délibération du Chap. 27 sept. 1782.

(2) *Id. ibidem.*

rappeler autant que possible l'œuvre détruite de Blasset. Quel critique serait assez rigoriste pour en faire un crime à ces habiles sculpteurs ?

Saint Louis est debout, la main gauche appuyée sur son bouclier en forme d'écu ; la main droite ramenée sur la poitrine presse contre celle-ci la couronne d'épines du Sauveur, glorieux trophée des victoires de Louis IX en Palestine. La tête, fort belle, est sans coiffure ; elle rappelle la physionomie habituelle des images du saint roi ; le regard est dirigé vers le ciel. Un ample manteau, drapé sur les épaules tombe jusqu'à terre en laissant dégagés la jambe et le bras gauche. « Dans cette statue, dit M. G. Durand (1), les Duthoit, — c'était leur talent — se sont parfaitement assimilé le style de Blasset. Quelques menus détails trahissent toutefois la première moitié du XIXe siècle, tels que quelques ornements en style gothique dit *troubadour* à la ceinture, au fourreau de l'épée, à la bordure de l'écu. On n'a pas rétabli le collier de Saint-Michel. » (2).

(1) *Description de la Cathédrale*, t. II, p. 420.
(2) Toutes les statues des deux chapelles de Saint-Sébastien et de Notre-Dame du Puy (à l'exception de la sainte Geneviève, rapportée à cette dernière chapelle après la destruction de la figure d'Esther), ont certaines parties des vêtements et des accessoires rehaussées de dorures. Nous ignorons si ces dorures existaient primitivement, ou si elles ne datent que de la restauration.

L'inscription placée au-dessous de la statue est ainsi conçue :

NOBILITAS
EXTVLIT.

Elle convient parfaitement au pieux monarque chez qui l'élévation de la naissance ne fit que rehausser l'éclat de la vertu.

Au milieu de la devanture de l'autel, dont le coffre est fort simple, un carré de marbre noir (Haut. 60 centim.; larg. 60 centim.) porte, gravées en lettres d'or, les lignes suivantes ainsi disposées :

A L'HONNEVR DE DIEV ET DE
LA GLORIEVSE VIERGE MARIE

JEAN HÉMART	FRANÇOIS MOV-
ET MARIE DE HOLLANDES *(sic)*	RET ET HON-
SA FEMME	NORÉE DE VILLERS
	SA FEMME

ONT DONNÉ CETTE TABLE D'AVTEL
ET CLOSTVRE ÈS ANNÉES 1634 ET 1635

JÉSVS MOVRANT	FORT EST LA MORT
*Des Mart*YRS	L'A*movr est*
EST LA GLOIRE	SA VICTOIRE

En Jesvs ET MAR*ie notre a*MOVR EST *vni*

On voyait jadis sur l'autel les armes des donateurs : celles de Jean Hémart, *à une ancre chargée d'un marc* (armes parlantes : *heim*, ancre en picard, *marc,* surmontée de deux mouches); celles de Marie de Hollande, *à deux épées en pal, la pointe en bas* (ce devaient être deux croix pattées, au pied fiché), *surmontées d'une fasce ou devise chargée de trois tourteaux ou besants;* enfin celles de François Mouret, *à un bouquet de murets* (ou giro-flées de murailles) *accosté de deux étoiles* et accompagné de trois croissants posés 2 et 1 (1).

L'évêque Jean de Cherchemont fut inhumé devant l'autel de Saint-Sébastien, dont il était le fondateur. « Ce ne fut pas sans difficulté que le chapitre laissa inhumer le prélat en cet endroit. La question ne fut tranchée que dans un accord inter-venu le 3 janvier 1375, v. s., au sujet d'un grand nombre de contestations entre le chapitre et l'évêque Jean de la Grange, qui, dans l'affaire avait

(1) Durand, *Description de la Cathédrale,* t. II, p. 421. — Les armes des Mouret se trouvent encore au Musée d'Amiens sculptées sur deux écussons de marbre blanc provenant d'un monument offert en 1654 par Antoine Mouret (probablement fils de François) maître de la Confrérie du Puy en cette année. Ce monument était primitivement adossé à l'un des piliers de la nef. La partie principale (une Vierge en marbre abritée dans une niche) a été transportée dans une chapelle du bas-côté septen-trional, où elle sert de retable à l'autel. La Vierge est commu-nément désignée sous le nom de *Notre-Dame de Paix;* cette Vierge, œuvre de Blasset, soutient sur l'un de ses bras l'Enfant Jésus : la main demeurée libre tient un bouquet de giroflées (ou *murets)* allusion aux armes parlantes des Mouret. — Durand, *ibid.,* p. 385.

pris fait et cause pour les exécuteurs testamentaires de son prédécesseur. Le chapitre consentit à l'établissement d'une tombe sur la sépulture du prélat, mais sans que cela causât aucun dommage ni aucune difformité à l'église, et à condition que le maître de la fabrique pût être présent à l'opération, afin que l'on ne touche pas aux fondations de l'édifice (il existe aussi aux Archives de la Somme une autre transaction sur le même objet, en date du 6 mai 1377). C'était une grande dalle saillant de trois doigts au-dessus du sol. Elle était couverte « de plusieurs plaques de cuivre jointes ensemble et sur lesquelles est burinée la figure de ce prélat. (DE COURT, *Mémoires*, 1. II, chap. 49), et elle était « bien travaillée ». (Ms. de Pagès, édit. Douchet, t. V, p. 330).

Un mauvais dessin de l'épitaphier C peut donner une idée de sa disposition : l'évêque était représenté couché et revêtu de ses ornements pontificaux ; ses armes *pallé à la bande losangée brochant sur le tout,* alternant avec celles de l'évêché ou du chapitre *à la croix,* étaient figurées sur l'orfroi de sa chasuble. Il était entouré d'architectures, au haut desquelles se trouvait sans doute le Christ à mi-corps et bénissant, mais l'imperfection du dessin ne permet pas d'être affirmatif sur ce point.

Le long d'une bordure faisant le tour de la dalle était gravée l'épitaphe, dont chaque vers était séparé par une rose ou par un écu aux mêmes armes qui ornaient l'orfroi de la chasuble » (1). Le *Gallia Christiana*, La Morlière, De Court, ont conservé le texte de cette épitaphe, que M. G. Durand a aussi transcrite. Trois bassins ou lampes d'argent étaient suspendus au-dessus de cette sépulture.

La tombe de Jean de Cherchemont fut détruite lors de la Révolution. Il est regrettable qu'au moins une simple inscription tracée sur une des pierres du dallage n'indique pas l'endroit où repose la dépouille mortelle de ce prélat, l'un des bienfaiteurs insignes de la Cathédrale, qui lui dut, outre la fondation de la chapelle Saint-Sébastien, le legs de somptueux ornements sacerdotaux, longuement énumérés dans l'acte de donation daté du 1ᵉʳ juin 1370 (2).

(1) G. Durand, *Description de la Cathédrale*, t. II, p. 464.

(2) G. Durand, *Description de la Cathédrale*, t II, p. 621. — L'acte de donation est transcrit en entier dans l'*Inventaire sommaire des Archives de la Somme*, t. V, p. 552. — L'évêque Jean de Cherchemont avait affecté à la construction de la tour du sud de la façade principale de la Cathédrale, demeurée inachevée depuis la fin du xiiiᵉ siècle, la moitié d'une imposition levée à Amiens sur les terres de l'évêché depuis le 5 juillet 1366 jusqu'au 5 novembre suivant; il prescrivit en conséquence à son

Le culte des trois saints invoqués en temps de peste n'a pas cessé d'être pratiqué à Amiens : il est remis religieusement en honneur toutes les fois qu'une épidémie de quelque gravité vient étendre ses ravages sur notre cité. S'il ne reste plus que le souvenir de la vieille confrérie de Saint-Sébastien et de ses processions solennelles; si on ne célèbre plus la grand'messe du 16 août, fondée au XVIIᵉ siècle par Jean Hémart, messe durant laquelle le bedeau de la confrérie du Puy devait déposer sur la tête de la statue du saint une couronne de verdure (1), les Amiénois se

receveur à Amiens de la délivrer au proviseur de la Fabrique (charte du 9 juillet 1366). « Cette donation de l'évêque était d'autant plus méritoire, dit M. G. Durand, qu'à cette époque un très grand nombre de maisons du domaine épiscopal avait péri dans les incendies de 1358 et 1361, et que ses revenus devaient en être considérablement diminués » — *Description de la Cathédrale*, t. Iᵉʳ, p. 49. — La tour du nord ne fut terminée que postérieurement, probablement aux environs de 1401 et 1402. — *Id.*, t. Iᵉʳ, p. 51.

(1) Le culte de saint Roch est resté populaire dans le diocèse d'Amiens. Une chapelle dédiée à ce saint existait au XVIᵉ siècle en dehors des fortifications de la ville; elle était entourée d'un enclos dans lequel on construisit en 1580 trente loges de briques pour y soigner les pestiférés Le nom de saint Roch est demeuré attaché à ce quartier voisin de la promenade de la Hotoie; il servit à désigner un cimetière qui fut établi en 1795 sur l'emplacement qui s'étend aujourd'hui entre la gare et le boulevard Thiers. Une église sous le vocable de saint Roch a été construite pour le service religieux de cette partie d'Amiens qui, depuis

retrouvent encore empressés et recueillis autour de l'autel de Saint-Sébastien quand Dieu les éprouve en permettant à la contagion d'enlever parmi eux de nombreuses victimes. Il nous souvient encore de ce lugubre été de 1866 pendant lequel le choléra répandit parmi nous le deuil et la terreur. Le vénérable évêque qui gouvernait

une trentaine d'années, a pris un accroissement considérable. Les plans de l'église Saint-Roch, qui appartient au style roman mitigé, ont été tracés par M. H. Antoine, architecte à Amiens. Le chœur et une partie de la nef furent édifiés pendant l'épiscopat de Messeigneurs Bataille et Renou. Plus tard, grâce à l'impulsion donnée par Monseigneur Dizien, la partie inférieure de l'église et le portail, accosté de deux gracieuses tourelles servant de clochers, qui sont une réminiscence de la façade de Notre-Dame la Grande à Poitiers, ont été élevés sous la direction de M. Georges Antoine ; il continua l'œuvre de son regretté père, et la termina avec succès. Si l'extérieur de cet édifice est d'une simplicité peut-être excessive (les exigences d'une stricte économie ne permirent pas qu'il en fut autrement), l'intérieur est d'un bel aspect, et la générosité de nombreux donateurs l'a pourvu d'un ameublement de bon style, et d'une élégante ornementation ; la plupart des fenêtres sont garnies de vitraux peints. Ajoutons que la donation du terrain avait été libéralement faite par la Société des Maisons ouvrières, qui entreprit les constructions du quartier Saint-Roch, au moyen de fonds recueillis par une souscription publique.

Dès l'année 1335, une confrérie de Saint-Roch avait été instituée à l'abbaye de Saint-Jean. Plusieurs confréries analogues existent encore dans le diocèse. Les brocanteurs et fripiers avaient saint Roch pour patron de leur corporation parce que la nature de leur commerce les expose tout particulièrement aux atteintes des maladies contagieuses.

alors le diocèse, Monseigneur Boudinet, de pieuse mémoire, se souvenant des traditions de son église, et partageant les sentiments de ses ouailles, prescrivit, dès l'invasion du fléau, des prières publiques qui devaient être dites à cette chapelle (1); là, chaque matin la Messe était célébrée, chaque soir un Salut était chanté, et les principales reliques que possède la Cathédrale demeurèrent exposées sur des crédences placées autour de l'autel pendant tout le temps que dura l'épidémie, afin d'implorer la miséricorde divine par l'intercession des bienheureux dont on vénérait les précieux restes. Les fidèles venaient en grand nombre s'agenouiller à l'entour, sur les dalles de la basilique, dont les voûtes retentissaient si souvent des tristes chants des funérailles : beaucoup pleuraient la perte de ceux qui leur étaient chers, d'autres tremblaient pour leurs proches, atteints ou menacés par la contagion. mais tous trouvaient dans la prière la consolation ou l'espoir (2).

(1) Monseigneur BOUDINET, *Lettre circulaire* et *Mandements* à diverses dates pendant les mois de juin et juillet 1866.

(2) L'épidémie cholérique s'était manifestée à Amiens dans la seconde quinzaine de décembre de l'année 1865 ; elle fit quelques victimes pendant l'hiver ; elle sévissait déjà cruellement le 11 juin 1866 : elle devint plus terrible à la fin de ce même mois. Pendant les seuls mois de juin et de juillet, l'état-civil enregistra 1413 cas mortels. La première semaine de juillet l'on constate

V

Les admirateurs exclusifs de l'art du moyen
âge, lequel, selon eux, serait la seule formule
admissible de l'art chrétien, ont jugé sévèrement
les deux autels de Notre-Dame du Puy et de Saint-
Sébastien ; ils leur ont reproché d'abord d'être
déplacés dans un édifice du XIIIᵉ siècle et d'inter-
rompre par leur masse les grandes lignes des
piliers contre lesquels ils sont appuyés ; puis sont
venues les critiques à l'adresse des retables *bizar-*

411 décès cholériques en huit jours. L'impératrice Eugénie
arriva à l'improviste le 4 juillet : 71 décès avaient été inscrits
la veille sur la plus triste page de notre état-civil : la princesse
visita l'Hôtel-Dieu, adressant aux moribonds des paroles conso-
lantes, aux Sœurs et aux infirmiers des encouragements ; elle
se rendit aussi chez les Petites Sœurs des pauvres et dans les
maisons de Charité des paroisses.

Mᵍʳ Boudinet prescrivit une procession générale à travers les
quartiers les plus éprouvés de la cité ; cette procession eut lieu
le premier dimanche de juillet ; on y porta les principales reliques conservées dans les églises d'Amiens ; le prélat, qui
présidait la cérémonie, tenait entre ses mains le plat d'argent
contenant le Chef de saint Jean-Baptiste. La procession était
suivie par une grande foule en tête de laquelle on remarquait
M. Cornuau, préfet de la Somme, et Madame Cornuau, son
épouse, qui l'un et l'autre faisaient preuve d'un grand dévoue-
ment en visitant les cholériques, sans crainte de la contagion.

Le dimanche 29 juillet une seconde procession eut lieu à
l'intérieur de la Cathédrale ; l'évêque portait le Saint-Sacrement,

rement contournés et *lourdement tourmentés,* des allusions malignes à la *pompe prétentieuse du* XVIIe *siècle.....* Nous avons trop de confiance dans le bon goût dont ces juges sévères font si souvent preuve en d'autres matières pour craindre que le dédain qu'ils affectent un peu légèrement puisse aller jusqu'à l'ostracisme. Ces vénérables monuments de la piété de nos pères mériteraient-ils même, au point de vue artistique, le blâme dont nous venons de donner un aperçu au lecteur (ce que nous sommes loin d'admettre, et ce que n'admettent pas davantage des hommes d'une compé-

et avant de donner la bénédiction avec l'ostensoire, il prononça en chaire un acte de consécration de la ville et du diocèse d'Amiens au Sacré-Cœur de Jésus. C'est à la suite de ce vœu que l'une des chapelles absidales de la Cathédrale fut dédiée au Sacré-Cœur et reçut une ornementation nouvelle en style du moyen-âge. — Cf. *Amiens au XIXe siècle,* par A. DE CALONNE, pp. 330 et suivantes ; Mgr BOUDINET, *Lettres pastorales et mandements.*

« Dans l'élan de sa gratitude, le Conseil municipal ratifia la résolution de la Commission des Hospices, qui voulut consacrer, par une inscription lapidaire scellée sur la façade extérieure de la porte de l'Hôtel-Dieu, le souvenir de la visite de l'Impératrice. Il nomma *place de l'Impératrice* la place nouvellement créée entre le pont de Croix et le pont Saint-Michel, et *boulevard Cornuau* la grande voie destinée à relier les boulevards à la promenade de la Hotoie (*Arch. mun.* Délibération du 25 août 1866). Autant de souvenirs historiques que le souffle implacable des passions politiques a fait disparaître ! » — A. DE CALONNE, *Amiens au XIXe siècle,* p. 332.

tence incontestable), que les souvenirs historiques et religieux qui s'y rattachent devraient assurer leur conservation. On a flétri avec justice le vandalisme révolutionnaire. Les archéologues regrettent la perte d'une multitude de peintures, de sculptures, de tapisseries, de verrières, d'objets mobiliers, etc., etc., prématurément condamnés par l'indifférence, le mépris ou les caprices de la mode à une destruction que l'action des siècles eût encore fait attendre pendant de longues années. Gardons nous de tomber dans le vandalisme de l'unité de style, car, dirons-nous en empruntant les paroles d'un éminent archéologue, l'abbé J. Corblet, « chaque siècle et chaque pays appliqueraient ce principe à leur manière, et, comme les goûts sont changeants, surtout en France, on détruirait successivement toutes les œuvres du passé : aujourd'hui celles du XVIIIe siècle, demain celles du XVe, jusqu'à ce qu'on inflige au XIXe la peine du talion, que nous n'aurions, hélas! que trop bien méritée (1) ».

L'autel de Saint-Sébastien est, depuis quelques années dans un triste état d'abandon ; il est, pour

(1) *L'Architecture ogivale jugée par les écrivains des deux derniers siècles*, discours de M. l'abbé J. Corblet, prononcé à la séance publique de la Société des Antiquaires de Picardie, le 11 juillet 1858.

ainsi dire, *désaffecté!* Le Saint-Sacrifice n'y est plus célébré ; le gradin est dépourvu de crucifix et de flambeaux ; de nombreuses dégradations apparaissent aux moulures du retable ; le tableau, *le Christ en croix,* rongé par l'humidité, souillé par la poussière, est presque entièrement effacé.

Les circonstances actuelles ne permettent guère de penser à une restauration immédiate de ce respectable monument de la piété de nos pères ; mais nous osons espérer que quand reviendront des jours meilleurs, on lui rendra son ancien éclat. Les indications laissées par les vieux descripteurs suffiraient à un peintre habile, ayant le goût et le sentiment de l'art du XVIIe siècle, pour faire revivre l'œuvre de Claude Vignon. On ferait disparaître les ornements de mauvais goût ajoutés lors de la restauration de 1832, et, en ravivant les dorures, on aurait soin de leur laisser ce ton un peu éteint que les praticiens désignent sous le nom de *vieil or.*

Mais ce que, comme chrétien, comme amiénois, comme paroissien de Notre-Dame, nous souhaitons surtout ce serait la célébration d'une messe, sinon quotidienne, au moins hebdomadaire (1),

---

(1) Pendant longtemps on célébra à l'autel de Saint-Sébastien chaque dimanche et jour de fête d'obligation la dernière messe,

à l'autel élevé sous le patronage de saint Sébastien, de saint Roch et de saint Louis, ces *trois médecins contre la peste*, auxquels la France d'autrefois accordait tant de confiance, afin que l'intercession efficace de ces bienheureux préserve la cité qui nous est si chère du fléau des maladies contagieuses. Puissions-nous voir bientôt notre vœu accompli !

commençant à midi précis, messe annoncée un quart d'heure à l'avance par le tintement d'une des petites cloches de la tour méridionale. Depuis quelques années la messe de midi est dite au maître-autel. C'était aussi à la chapelle de Saint-Sébastien que l'on chantait les courts saluts du Saint-Sacrement après les prédications de semaine, durant le carême. Ces saluts sont maintenant donnés sur un petit autel portatif assez mesquin que l'on place au haut du perron du chœur : à défaut d'autre mérite cet autel a l'avantage de pouvoir être vu par les fidèles occupant la grande nef et le bas-côté faisant face à la chaire.— L'autel de Notre-Dame du Puy est un peu moins délaissé que celui de Saint-Sébastien : il sert encore dans les cérémonies funèbres pour les *présentations*, quand la messe n'est point chantée devant le corps du défunt.

www.ingramcontent.com/pod-product-compliance
Ingram Content Group UK Ltd.
Pitfield, Milton Keynes, MK11 3LW, UK
UKHW020037100726
13658UKWH00003B/1388